Martin Schmeisser (Hg.)

Dem Leben Farbe geben

Jahreslesebuch

Mit 52 Bildern von Sieger Köder

Schwabenverlag

VERLAGSGRUPPE PATMOS

PATMOS
ESCHBACH
GRÜNEWALD
THORBECKE
SCHWABEN

Die Verlagsgruppe
mit Sinn für das Leben

MIX
Papier aus verantwortungsvollen Quellen
FSC® C028513
FSC
www.fsc.org

Für die Schwabenverlag AG ist Nachhaltigkeit ein wichtiger Maßstab ihres Handelns. Wir achten daher auf den Einsatz umweltschonender Ressourcen und Materialien. Dieses Buch wurde auf FSC®-zertifiziertem Papier gedruckt. FSC (Forest Stewardship Council®) ist eine nicht staatliche, gemeinnützige Organisation, die sich für eine ökologische und sozial verantwortliche Nutzung der Wälder unserer Erde einsetzt.

2. Auflage 2013

www.schwabenverlag-online.de

Umschlaggestaltung: Finken & Bumiller, Stuttgart
Umschlagabbildung: Sieger Köder, Kieler Altar (Ausschnitt)
Druck: Süddeutsche Verlagsgesellschaft, Ulm
Hergestellt in Deutschland
ISBN 978-3-7966-1569-6

Magie der Farben

Gottes Atem hin und wider,
Himmel oben, Himmel unten,
Licht singt tausendfache Lieder,
Gott wird Welt im farbig Bunten.

Weiß zu Schwarz und Warm zum Kühlen
Fühlt sich immer neu gezogen,
Ewig aus chaotischem Wühlen
Klärt sich neu der Regenbogen.

So durch unsre Seele wandelt
Tausendfalt in Qual und Wonne
Gottes Licht, erschafft und handelt,
Und wir preisen Ihn als Sonne.

HERMANN HESSE

Bis der Morgenstern aufgeht (2 Petr 1,19)

Einmal am Tag

Einmal am Tag
da sollst du
ein Wort in deine
Hände nehmen,
ein Wort der Schrift.

Sei vorsichtig,
es ist so schnell
erdrückt
und umgeformt,
damit es passt.

Versuch nicht hastig,
es zu »melken«,
zu erpressen,
damit es Frömmigkeit
absondert.

Sei einfach einmal
still.
Das Schweigen,
Hören, Staunen
ist bereits Gebet
und Anfang aller
Wissenschaft
und Liebe.

Betaste das Wort von
allen Seiten,
dann halt es
in die Sonne
und leg es an das Ohr
wie eine Muschel.

Steck es für einen Tag
wie einen Schlüssel
in die Tasche,
wie einen Schlüssel
zu dir selbst.

Fang heute an!
Vielleicht damit:
»Der Mensch
lebt nicht
vom Brot allein.«

PAUL ROTH

Schöpfung (Gen 1)

schöpfung

am anfang vielleicht: stille
jäh dann: urknall geburtsschrei! und myriaden
ausschwärmender moleküle
hernach: spiralwirbelnde gase sich zu glühroter
materie verdichtend
und alsbald: explosionen implosionen zusammen-
prall blind rasender gestirne vulka-
nische exzesse
vielleicht dann: im orkan der materie die stille
mitte und in der stillen mitte gottes
weisheit
und der erleuchtende blitz
die vision der weisheit: irgendwo im unermess-
lichen all eine oase des lebens wo
gespräch und liebe erblühen!

allmählich zwang die schwerkraft die gestirne
in geregelte bahnen
und es fiel das auge der weisheit
auf den planeten erde
der winzig die sonne umkreiste
feurig und unwirtlich noch
und die weisheit erwählte
die kleine erde
zum planeten des lebens

und lustvoll ging sie ans werk:
das erdfeuer packte sie ein in rundum
verfestigte kruste
festland und meere trennte sie von-
einander
und machte die grosse sonne zum kraft-
werk der kleinen erde
erste glasige algen entstanden

noch unauffällig begann das zarte wunder des
flüchtigen atems
amphibien krochen an land
aus sümpfen wuchsen bäume empor
ihren samen trugen winde rund um die
erde
überall regte sich atmendes leben
und dann zu beginn des quartärs: nebst tieren
auch menschen die sich aufzurichten
begannen nach dem beispiel der bäume

und alles was anhob zu leben
lebt vom wunder des atems:
es atmen meere gebirge
es atmen die pflanzen die bäume
(wälder wurden zu lungen der welt)
es atmen die tiere die menschen

und freudig wob frau weisheit den bunten teppich
des lebens wo alles seinen ort hat:
korallen flechten gestrüppe finden
wie fische insekten die ihnen gemässe
umgebung
selbst Zugvögeln mangelt es nicht
an wechselnden Wohnungen unter dem
himmel

und so gelang es allmählich allen geschöpfen
heimisch zu werden in ihrer zeit
heimisch zu werden in ihrem raum

die menschen aber suchten und fanden worte für
das was ihre augen erblickten ihre
sinne empfanden
sie suchten worte auch füreinander
versuchten sprechend die grenze zwi-
schen einander durchlässig zu machen
gespräch also! austausch! liebe sogar!
und die weisheit frohlockte: siehe, sie reden!
inmitten des schweigenden alls wird
gesprochen
suchen gefühle gedanken nach worten!

und so kam alles in gang
gott aber und seine weisheit feierten ein fest
und nannten es SABBAT

KURT MARTI

Schöpfung I, 2000

Psalme

Ein Schrei hat mich ins Leben gebracht
und einen Seufzer werde ich hauchen
wenn ich wieder zurückgeh
in den großen Nachlass der Erde

Aber dazwischen waren die Jubel und die Tränen
des Zorns
das verstockte Herz
und das fließende
dazwischen waren die Worte, die du mir gesagt hast
die Loblieder, die Kirchen und
überall die Musik

Dazwischen ist die Hoffnung
die ich mir immer noch mache
wenn ich meine Augen aufhebe
(manchmal zu den Bergen)
dazwischen das Staunen

Immer noch atmend sage ich mir deine Namen vor
und weiß nicht
bin ich schon beim neunundneunzigsten angelangt

Aber wenn es so ist
und ich nicht weiterzählen kann
hier, dazwischen

fang ich einfach noch einmal von vorne an
mit all deiner Pracht

Ich preise dich!

REINHILD TRAITLER

Schöpfung II, 2000

Selig sind, die reinen Herzens sind

»Selig sind, die reinen Herzens sind, denn sie werden Gott schauen.« Mt 5,8

Reinen Herzens sein
sich nicht abbringen lassen von der Zuversicht
dass das Leben anders möglich wäre.

Reinen Herzens sein
wissen, auf mich kommt es an
was ich tu und was ich unterlasse
hat Folgen
zusammen mit vielen anderen bewege ich
die Welt
sie kann freundlich werden für alle.

Reinen Herzens sein
staunen über die gewaltige Schrift
des Himmels und der Erde
und die Schönheit des aufgeschlagenen Buches
Schöpfung
deine Spuren entziffern
atemlos.

Reinen Herzens sein
ununterbrochen im anderen das Gute vermuten
und im Geringsten meiner Geschwister
das Antlitz Gottes sehen.

REINHILD TRAITLER

Narr vor dem Spiegel

Das ist das Glück

Dein Leben
sei ein Spiegel.
Wenn du hineinschaust,
lächelt er zurück,
immer
und wird nie blind.

Dein Leben
sei ein warmer Mantel.
Wenn du ihn umlegst,
suchen noch viele Zuflucht
und sind bei dir geborgen.

Dein Leben
sei eine helle Sonne.
Wenn du dich von ihr erleuchten lässt,
leuchtest du zurück,
immer wieder
und machst deine Finsternis hell.

Dein Leben
sei die Ruhe in Sturmes Mitte.
Wenn du dann einen Halt hast,
ist das »das Glück«.

UWE SEIDEL

Narr vor dem Vorhang

Werde ein Clown Gottes

Clown sein
mich ins Leben hineinspielen
gegenwärtig sein
für beglückende Begegnungen

Clown sein
mich hineinversetzen in die Not
die Menschen bedrücken kann
mitfühlend sein

Clown sein
Orientierung durch Kommunikation finden
mitten im Alltag
meinen Handlungsspielraum erweitern

Clown sein
meine Mitmenschen zum Lachen bringen
weil sie viel mehr sind als das, was sie leisten:
gesegnet in ihrem ansteckenden Humor

PIERRE STUTZ

Narr mit Blumenstrauß

Das Fest der fünften Jahreszeit
Fasching – Karneval

Wir feiern das Fest,
wir tanzen den Tanz
wir singen und schunkeln
Tag und Nacht.

Die Fröhlichkeit hat uns erfasst;
mit Haut und Haaren werden wir
in den Strudel gezogen;
Spaß und Frohsinn haben uns angesteckt,
die Raketen steigen zum Himmel
und Menschen, die wir nie kannten,
lachen uns zu.

Für ein paar Tage
entfliehen wir dem Alltag und Elend.
Unsere Masken verraten,
wer wir wirklich sind – für eine kurze Zeit
oder schon ein ganzes Leben.

Du heilst die zerbrochenen Herzen, Gott,
und darum bitten wir dich:
dass wir nicht noch mehr zerbrechen.
Du verbindest unsere Wunden,
und deshalb bitten wir dich:
dass wir nicht noch weitere Wunden aufreißen.

Bei dir sind wir gut aufgehoben,
wenn wir singen und tanzen,
feiern und schunkeln –
vielleicht ein Fest der Befreiung.
Pass gut auf uns auf, Gott.

UWE SEIDEL (zu Psalm 147)

Aschermittwoch

Kommen und gehen

Es ist dem Menschen beigegeben
Ein kleines Stück vom großen Leben
Das sich vollzieht ohn' Unterschied
Ob Bettler oder hohes Tier
Von einer Handvoll Erde sind wir alle hier
Bis Gras wächst über dieses Land
Wollt darum freundlich sein und Euch mit Heiterkeit versehen
Es hat der Mensch zu kommen und zu gehen
Dieses ist ausgemacht von Anfang an
Mit Hochmut ist nicht viel getan
Es ist dem Menschen aufgegeben
Mit Güte Gutes zu erstreben ohn' Unterlass
Auch soll er das was nötig ist zum Leben mit allen teilen
Und aller Kreatur zu Hilfe eilen
Bis Blumen wachsen aus dem Gras
Wollt darum gnädig sein und nicht mit Hohn verachten
Die nichts auf dieser Welt zustande brachten
Wenn es bestimmt dass wir gen Himmel reisen
Dann ist mit Reichtum nichts mehr zu beweisen
Es wird dem Menschen nachgegeben
Wenn er bereut und ändert sein bisherig' Leben
Der Tanz ist tot
Der Mensch kehrt heim zu Tisch und Brot
Der Rausch verfliegt die Demut siegt
Die Masken sind gefallen
Doch größer wär des Menschen Not
Wär nicht ein Gott milde mit uns allen.

HANNS DIETER HÜSCH (zu Psalm 90)

Jesus heilt Kranke

Mit ausgebreiteten Armen

Der, von dem ich erzählen will,
wurde geboren in Armut und starb,
noch jung, mit ausgebreiteten Armen
am Kreuz einen schrecklichen Tod.

Warum, worin bestand seine Schuld?
Oder anders gefragt: wem war er im Weg?
Er raubte kein Geld, kein Land, stürzte
keinen vom Thron, zog nicht in den
Krieg, schrieb nicht einmal Bücher.

Der Ort, wo er aufwuchs wie andere auch,
war ohne Bedeutung: ein Nest in den Bergen
am Rande des riesigen römischen Reiches.
Er lernte ein Handwerk, zimmerte Möbel,
bis er die Werkstatt verließ und sein Dorf
und umherzog im Land, das Wort auszusäen.

Er sah, wie man weiß, weder Rom noch Athen.
Aber er sah seinen Vater im Himmel und
sah auf der Erde die Menschen im Dunkel
und lehrte sie sehn mit anderen Augen.
Er heilte die Kranken, rief Tote ins Leben.
So zog er umher und warb um die Herzen
und sprach von der Liebe, dem
Königreich Gottes.

Er starb, wie er lebte,
und lebt, wie er starb:
mit ausgebreiteten Armen.

LOTHAR ZENETTI

Frau am Jakobsbrunnen (Joh 4)

Wenn sich das Herz nach mehr sehnt

»O Gott, du bist mein Gott,
dich suche ich.
Meine Seele dürstet nach dir
wie dürres, lechzendes Land ohne Wasser.«
Ps 63,2–3

Mein Herz sehnt sich nach mehr
heraus aus dem Verstummtsein
dem Versteintsein
aus der Dürre und Härte dieser Tage
sehnt sich mein Herz nach dir.

Aus dem Trott des Alltags
aus der Fülle der Dinge
aus den prachtvollen Täuschungen,
aus dem Begehren
alles zu haben, was ich mir wünsche
sehnt sich mein Herz nach den anderen Wünschen
nach dir.

Aus der Ungeduld und manchmal aus
der Versuchung aufzugeben
aus der milden Resignation, dieser Mischung
von schon alles wissen
und sich entmutigen lassen davon
sehnt sich mein Herz nach etwas ganz Einfachem
nach dir.

Aus der Kompliziertheit dieser Welt
aus der ich nicht aussteigen kann
wo alles gemischt ist und oft so grau
aus den Vorhaben, die manchmal gelingen
und manchmal auch nicht
aus all dem Bemühen um ein Quäntchen Frieden
und der Enttäuschung, weil die Waffenlieferanten
schon wieder am Werk sind
sehnt sich mein Herz nach Beherztheit
nach dir.

Aus den totalitären Fantasien
man könnte das alles ändern
und alles auf einen Schlag
sehnt sich mein Herz nach dem einen Schritt
dem richtigen, der zur Quelle führt.

Meine Seele dürstet nach dir
immer hoffe ich, dass das Umherziehen
in den Wildnissen
ein Ende haben wird
dass es irgendwo das Land gibt, das du
uns versprochen hast.

Oder bilde ich mir das nur ein
und was mir als Oase vorschwebt
ist bloß eine Fata Morgana
ein bisschen mehr Realismus, sagen sogar
meine Freunde
es gibt keine Alternativen.

O Gott, du bist mein Gott, dich suche ich
tausend mal tausend Mal
und manchmal denke ich, ich habe dich gefunden
aber dann war es nur die Hoffnung,
die ich auf dich setze
oder eine Ahnung,
ein Blick aus den Augen der Kinder
ein Windstoß im März.

Mein Herz sehnt sich nach mehr im dürren Land
in der lang anhaltenden Trockenheit
in der nichts wachsen will
sage ich mir die Worte vor von den triefenden Auen
die du uns versprochen hast

Und stell mir vor, du bist wie
Wasser in den Brunnen meiner Kindheit
reichlich und kühl
wie ein Bergbach im Salzkammergut.

Mein Herz sehnt sich
komm doch und
lass dich trinken
komm doch und
reich mir das Wasser.

Meine Seele dürstet nach dir.

REINHILD TRAITLER

Der verlorene Sohn (Lk 15)

Ein Mensch wie Brot

Er lehrte uns die Bedeutung und Würde
des einfachen unansehnlichen Lebens
unten am Boden
unter den armen Leuten
säte er ein
seine unbezwingbare Hoffnung

Er kam nicht zu richten sondern aufzurichten
woran ein Mensch nur immer leiden mag
er kam ihn zu heilen

Wo er war
begannen Menschen freier zu atmen
Blinden gingen die Augen auf
Gedemütigte wagten es zum Himmel aufzuschauen
und Gott
ihren Vater zu nennen
sie wurden wieder Kinder
neugeboren
er rief sie alle ins Leben

Er stand dafür ein
dass keiner umsonst gelebt
keiner vergebens gerufen hat
dass keiner verschwindet namenlos
im Nirgends und Nie
dass der Letzte noch
heimkehren kann als Sohn

Er wurde eine gute Nachricht
im ganzen Land ein Gebet
ein Weg den man gehen
ein Licht
das man in Händen halten kann
gegen das Dunkel

Ein Mensch wie Brot
das wie Hoffnung schmeckt
bitter und süß

Ein Wort das sich verschenkt
das sich dahingibt wehrlos
in den tausendstimmigen Tod
an dem wir alle sterben

Ein Wort
dem kein Tod gewachsen ist
das aufersteht und ins Leben ruft
unwiderstehlich
wahrhaftig dieser war Gottes Sohn

LOTHAR ZENETTI

Abendmahl (Lk 22)

Einer

der sich verschenkte
der gab, was er hatte
der Brot wurde
und Wein
ein Stück Brot
ein Schluck Wein
für alle
die hungern und
dürsten
nach Brot
nach Liebe
nach Gerechtigkeit

Seht
welch ein Mensch
der sich nehmen ließ
brechen, kauen
aufzehren
Stück um Stück
Tag um Tag
schlucken, schlürfen
ausnutzen, austrinken
bis zum letzten
Tropfen seines Blutes

bis alles
vollbracht war
und leer
das Grab

Ja dieser
war Gottes Sohn

LOTHAR ZENETTI

Fußwaschung (Joh 13)

Alphabet des Friedens

Achtung und Arbeit
Äcker und Abrüstung

Brüderlichkeit und Brot
Brunnen und Blumen
Bethlehem

Caritas
Christus

Dienen und danken

Ehrfurcht und Einigung
Entschlusskraft, Erfüllung
Evangelium

Freiheit und Freude
Freundschaft und Feste

Gerechtigkeit und Geduld
Güte und Großmut
Gastfreundschaft und Gemeinschaft

Hilfsbereitschaft und Hoffnung
Herz und Hände
Heimat

Innerlichkeit
Ideen

Jawort
Jetzt
Jeder

Kinderlachen und Kornfelder
Kommunikation, Konsequenz

Liebe
Lernbereitschaft, Langmut

Menschenwürde, Meinungsfreiheit
Mütter
Mut

Nächstenliebe

Offenheit, Ölzweig

Partnerschaft und Phantasie
Quellen

Reis und Rosen

Saaten und Spielplätze
Solidarität

Teilen

Umkehr

Vergebung und Verständnis
Versöhnung und Vertrauen
Verantwortung

Wege
Weinberge und Wiegenlieder
Wahrheit

Zuneigung, Zärtlichkeit

CHRISTA PEIKERT-FLASPÖHLER

Veronika

passion

wir schlugen ihn
wir schlugen
aus dem stein
das feuer

wir bedrängten ihn
wir preßten
aus der traube
den wein

wir folterten ihn
wir folterten
aus dem schweigen
sein wort

wir banden ihn
wir lernten vom
sklaven
die freiheit

wir durchbohrten ihn
wir bohrten
den quell
in der wüste

wir begruben ihn
wir säten
auf der erde
den himmel

WILHELM WILLMS

Maria von Magdala am Grab (Joh 20)

Ostermorgen

Mir ist ein Stein
vom Herzen genommen:
meine Hoffnung
die ich begrub
ist auferstanden
wie er gesagt hat
er lebt er lebt
er geht mir voraus!

Ich fragte:
Wer wird mir
den Stein wegwälzen
von dem Grab
meiner Hoffnung
den Stein
von meinem Herzen
diesen schweren Stein?

Mir ist ein Stein
vom Herzen genommen:
meine Hoffnung
die ich begrub
ist auferstanden
wie er gesagt hat
er lebt er lebt
er geht mir voraus!

LOTHAR ZENETTI

Mirjam im Meer (Ex 15)

Das Mirjam-Lied
weitergedacht und weitergesungen

Singet Jahwe,
denn er zeigt seine Macht.
Die Starken stürzt er zu Boden.
Die Schwachen hebt er auf.

Singet Jahwe,
denn er zeigt seine Macht.
Den Knechtern bindet er die Hände.
Die Gebundenen führt er frei.

Singet Jahwe,
denn er zeigt seine Macht.
Den Männern bricht er das Übergewicht.
Den Frauen stärkt er die Stimme.

Singet Jahwe,
denn er zeigt seine Macht.
Spieße schmiedet er um.
Aus Schwertern macht er den Pflug.

Singet Jahwe,
denn er zeigt seine Macht.
Feindbilder löst er auf.
Ägypter und Hebräer macht er zum Freund.

Singet Jahwe,
denn er zeigt seine Macht.
Das Horn der Verheerung lässt er verstummen.
Dem Tamburin gibt er den Klang.

WOLFGANG DIETRICH

König David

Tedeum

Frohlockenkönnen
über ein Wort wie
frohlocken, das
geschrieben steht
unter anderen vom
Aussterben bedrohten
Wörtern.

Was da nicht alles
frohlockt in der
Konkordanz zwischen
fröhlich und fromm:
Berge und Wasserströme
frohlocken, worüber
um Himmelswillen?

Frohlockend wachsen
Zypressen statt Dornen,
Myrten anstelle von Nesseln.

In Davidischer Herzenslust
klatschen Bäume in die Hände,
mit zitternden Beinen
trommeln Zikaden;

Leier und Rohschalmei
fallen ein, Rauschflöte,
Zimbel, zehnsaitiger
Psalter, güldener Mund.

Frohlockend unter dem
Schatten Deiner Flügel
die vox humana, die
eigentlich keinen Grund
zum Frohlocken hätte,

Doch noch in Klageliedern
frohlockt und frohlockt sie:
der Schmerz sei ihr Atem,
ihr Klang das zerschlagne Gemüt.

Frohlocken, ein
unbelehrbares Wort,
das sich nicht
verteidigen kann
mitten im Höllengelächter.

Triffst du das Zauberwort,
hebt die Welt an zu klingen:
Banjo, Hawaiigitarre,
Saxophon, Schlagholz,
Waschbrett, Vibraphon,
der Schrillapparat
der unverdrossenen Grillen.

Frohlocken, ein Wort,
buchstabenweise rundum
in Glocken geritzt,
jubelnder Einklang.

EVA ZELLER

Mit meinem Gott überspringe ich Mauern (Ps 18)

Mit meinem Gott

»Mit meinem Gott
spring ich über die Mauern.« Ps 18,30

Mit meinem Gott durchstoß ich die Wände
zwischen den Menschen
und baue ich Brücken zwischen den Feinden.
Mit meinem Gott kämpf ich allein
gegen eine geschlossene Front
und siege als David gegen Goliath.
Mit meinem Gott trag ich das Kreuz
trotz tausendmal Fallen auf Golgotha.
Mit meinem Gott schau ich dem Tod
ohne Hass ins Gesicht
und lache und tanze.
Denn der Tod hat seine Tragik verloren.
Er ist nicht mehr das Letzte.
Das Letzte ist Er,
mein Gott, mit seinen unendlichen Räumen.
So bring ich mit meinem Gott
eine Welt der Töne und Farben,
der Worte und Gesten,
der Sonnen und Monde,
der Blumen und Menschen
in Schwingung,
bis alles sich dreht um den einen,
der ist, der da war und der kommt.
Halleluja, Halleluja!

MARTIN GUTL

Ursprung und Vollendung

Das Hohelied der Liebe

Spräche ich in allen Sprachen der Menschen,
sänge ich mit den Stimmen der Engel
und liebte nicht,
ich wäre nichts als eine tönende Glocke
oder eine klingende Schelle.

Wüsste ich Gottes Gedanken,
schaute ich alle Geheimnisse,
hätte ich alle Einsicht,
versetzte ich Berge
in der Kraft meines Glaubens
und liebte nicht,
so wäre ich nichts.

Gäbe ich all meine Habe den Armen,
gäbe ich für Christus mein Leben hin
und liebte nicht,
es wäre vertan.

Die Liebe ist geduldig und freundlich,
sie kennt keine Eifersucht,
sie stellt sich nicht zur Schau.

Sie verletzt nicht. Sie greift nicht an.
Sie sucht keinen Gewinn.

Sie wird nicht bitter
durch bittere Erfahrung,
sie rechnet das Böse nicht zu.

Sie trauert über das Unrecht.
Sie ist glücklich über die Wahrheit.

Die Liebe trägt alles.
Sie glaubt alles.
Sie hofft alles.

Sie beugt sich der Last
und bleibt geduldig gebeugt.

Unvergänglich ist die Liebe.
Unser Wissen um Gott wird verwehen.
Was wir reden, wird verhallen,
was wir forschen und denken, zu Ende gehen.

Stückwerk ist, was wir wissen,
Stückwerk, was wir erkennen.
Wenn wir die Fülle schauen werden,
wird das Stückwerk enden.

Einst war ich ein Kind.
Ich sprach wie ein Kind,
ich war klug wie ein Kind,
ich träumte kindliche Träume.
Als ich erwachsen war,
legte ich die Kindheit ab.

Heute ahne ich die Wahrheit
wie mein eigenes Gesicht
im kupfernen Spiegel,
fremd, verschattet und rätselvoll.
Morgen schaue ich, nahe und klar,
sein Angesicht.

Stückwerk ist, was ich verstehe.
Dann aber werde ich schauen,
wie Gott mich heute erkennt.

Nun aber bleiben:
Glaube, Hoffnung, Liebe,
diese drei.

Aber die größte unter ihnen
ist die Liebe.

1 KORINTHER 13, ÜBERTRAGEN VON JÖRG ZINK

Draußen steht er an der Wand unseres Hauses (Hld 2)

Ich setze auf die Liebe!

Ich setze auf die Liebe
Wenn Sturm mich in die Knie zwingt
Und Angst in meinen Schläfen buchstabiert
Ein dunkler Abend mir die Sinne trübt
Ein Freund im anderen Lager singt
Ein junger Mensch den Kopf verliert
Ein alter Mensch den Abschied übt

Das ist das Thema
Den Haß aus der Welt zu entfernen
Und wir bereit sind zu lernen
Daß Macht Gewalt Rache und Sieg
Nichts anderes bedeuten als ewiger Krieg
Auf Erden und dann auf den Sternen

Die einen sagen es läge am Geld
Die anderen sagen es wäre die Welt
Sie läg in den falschen Händen
Jeder weiß besser woran es liegt
Doch es hat noch niemand den Haß besiegt
Ohne ihn selbst zu beenden

Er kann mir sagen was er will
Und kann mir singen wie er's meint
Und mir erklären was er muß
Und mir begründen wie er's braucht
Ich setze auf die Liebe! Schluß.

HANNS DIETER HÜSCH

Unter dem Apfelbaum habe ich dich geweckt (Hld 8)

Liebe die Liebe

Glaube den Glauben,
der Berge versetzt,
die Berge der Leiden,
die Berge aus Schweigen,
die Berge aus Angst.
Glaube den Glauben,
der Berge versetzt.

Hoffe die Hoffnung,
die Not wenden kann,
die Not der Verzagten,
die Not der Geplagten,
die Not im Gericht.
Hoffe die Hoffnung,
die Not wenden kann.

Liebe die Liebe,
die langmütig ist,
die vieles erduldet,
die vieles entschuldet,
die alles erträgt.
Liebe die Liebe,
die langmütig ist.

ARNIM JUHRE

Pfingsten (Apg 2)

Veni Sancte Spiritus

Noch einmal, Herr,
Pfingsten
mit Brausen
und Sturzbächen Geist
in unsere
lechzende, rissige
Trockenheit.

So Wüstenwohner
Regen fassen
in Zisternen,
ausgespannten Häuten,
Handschalen,
bebenden Mündern …

Noch einmal, Herr,
Pfingsten
mit Brausen
und Sturzbächen Geist.

MANFRED HEUSTEIN

Rosen von Chartres

Dich auftun wie eine Rose

Die Rose, welche hier dein äuß'res Auge sieht,
Die hat von Ewigkeit in Gott also geblüht.

Die Ros' ist ohn Warum: sie blühet, weil sie blühet,
Sie acht nicht ihrer selbst, fragt nicht,
ob man sie siehet.

Dein Herz empfanget Gott mit allem seinem Gut,
Wenn es sich gegen ihn wie eine Ros' auftut.

Blüh auf, gefrorner Christ, der Mai ist vor der Tür!
Du bleibest ewig tot, blühst du nicht jetzt und hier.

Wer hätte das vermeint! Aus Finsternis
kommt Licht,
Das Leben aus dem Tod, das Etwas aus dem Nicht.

Christ, so du unverwelkt in Leiden, Kreuz und Pein
Wie eine Rose blühst, wie selig wirst du sein!

Den Himmel wünsch ich mir, lieb aber auch
die Erden,
Denn auf derselbigen kann ich Gott näher werden.

ANGELUS SILESIUS, aus dem Cherubinischen Wandersmann

Rose und Labyrinth

Labyrinth und Rosen

labyrinthwege gehen
unter dem leuchtenden blau
in der suchbewegung
des herzens
die flügel der sehnsucht
oft müde – nur gehen
bringt weiter nur gehen

auf losem gestein die füße
schwer vom gewicht der jahre
die schultern
manchmal sicher und frei
oft tastend und suchend
wohin

das ziel so fern und so nah
auf dem weg
zu den rosen
zur mitte

WILMA MICHLER

Rosenstrauß

Versöhnung

Wieder ein Morgen
ohne Gespenster
im Tau funkelt der Regenbogen
als Zeichen der Versöhnung

Du darfst dich freuen
über den vollkommenen Bau der Rose
darfst dich im grünen Labyrinth
verlieren und wiederfinden
in klarer Gestalt

Du darfst ein Mensch sein
arglos

Der Morgentraum erzählt dir
Märchen du darfst
die Dinge neu ordnen
Farben verteilen
und wieder
schön sagen

an diesem Morgen
du Schöpfer und Geschöpf

ROSE AUSLÄNDER

Labyrinth und Rose (Offb 22)

Weg nach innen

Wer den Weg nach innen fand,
Wer in glühendem Sichversenken
Je der Weisheit Kern geahnt,
Daß sein Sinn sich Gott und Welt
Nur als Bild und Gleichnis wähle:
Ihm wird jedes Tun und Denken
Zwiegespräch mit seiner eignen Seele,
Welche Welt und Gott enthält.

HERMANN HESSE

Die Welt ist nur ein Rad,
ein immer drehend Rund,
gehst du mit Lust hinein,
so kommst du mit ans Treiben.
Gott ist der Mittelpunkt.
Kehr ein in Seelengrund;
wer da gesammelt ist,
kann still und ruhig bleiben.

GERHARD TERSTEEGEN

Ich will das Morgenrot wecken (Ps 57)

Wach auf, meine Seele!

„Wach auf, meine Seele!
Wacht auf, Harfe und Saitenspiel!
Ich will das Morgenrot wecken.“ Ps 108,2–3

Fällst wieder und wieder
in tiefen Schlaf
mit trockenen Lippen
und träger Zunge.
Gewohnheit lullt dich ein
in deinem Federnest.

Wach auf, meine Seele!

Lange schon ringe ich
mit deinem Singen,
mit deinem Schweigen
in dunklen Nächten.

Heut endlich
will ich den Morgen
entflammen,
Zwielicht zerreißen,
heut endlich
meinem Glauben
glauben.

Wach auf, meine Kehle!

PETRA FIETZEK

Sintflut (Gen 8)

Bitte

Wir werden eingetaucht
und mit dem Wasser der Sintflut gewaschen,
wir werden durchnäßt
bis auf die Herzhaut.

Der Wunsch nach der Landschaft
diesseits der Tränengrenze
taugt nicht,
der Wunsch, den Blütenfrühling zu halten,
der Wunsch, verschont zu bleiben,
taugt nicht.

Es taugt die Bitte,
daß bei Sonnenaufgang die Taube
den Zweig vom Ölbaum bringe.
Daß die Frucht so bunt wie die Blüte sei,
daß noch die Blätter der Rose am Boden
eine leuchtende Krone bilden.

Und daß wir aus der Flut,
daß wir aus der Löwengrube und dem
feurigen Ofen
immer versehrter und immer heiler
stets von neuem
zu uns selbst
entlassen werden.

HILDE DOMIN

Harlekin mit Leberblümchen

Psalm

Solange in meinem Herzen
Und in meinem Kopf der Gesang
Von Liebe und Zuversicht wohnt
Das Land der unbegrenzten Unmöglichkeiten
Zu spüren ist
Freundschaft und Friede mit allen Kreaturen
In meinen Augen sitzen
Solange wird es auch diese Erde geben
Mit all ihren Menschen
Die guten Willens sind
Die über sich hinauswachsen
Und es eines Tages doch noch schaffen
Den Halsabschneidern und Blutsaugern
Kindermördern und Frauenschändern
Und ihren feinen Handlangern im Hintergrund
Das Handwerk zu legen
Auf daß die Erde Heimat wird für alle Welt
Solange unsere Herzen dafür schlagen
Daß sich die Utopie erfülle
Im Kleinen wie im Ganzen
Solange wir leben und wachsen
Solange gibt es sie auch

HANNS DIETER HÜSCH

Der Baum

Zeitansage

Es kommt eine zeit
da wird man den sommer gottes kommen sehen
die waffenhändler machen bankrott
die autos füllen die schrotthalden
und wir pflanzen jede einen baum

Es kommt eine zeit
da haben alle genug zu tun
und bauen die gärten chemiefrei wieder auf
in den arbeitsämtern wirst du
ältere leute summen und pfeifen hören

Es kommt eine zeit
da werden wir viel zu lachen haben
und gott wenig zum weinen
die engel spielen klarinette
und die frösche quaken die halbe nacht

Und weil wir nicht wissen
wann sie beginnt
helfen wir jetzt schon
allen engeln und fröschen
beim lobe gottes

DOROTHEE SÖLLE

Der Mund kann lachen, wenn das Herz auch traurig ist (Spr 14)

Zeitgemässe Ansprache

Wie kommt es nur, daß wir noch lachen,
Daß uns noch freuen Brot und Wein,
Daß wir die Nächte nicht durchwachen,
Verfolgt von tausend Hilfeschrein.

Habt ihr die Zeitung nicht gelesen,
Saht ihr des Grauens Abbild nicht?
Wer kann, als wäre nichts gewesen,
In Frieden nachgehn seiner Pflicht?

Klopft nicht der Schrecken an das Fenster,
Rast nicht der Wahnsinn durch die Welt,
Siehst du nicht stündlich die Gespenster
Vom blutigroten Trümmerfeld –?

Des Tags, im wohldurchheizten Raume:
Ein frierend Kind aus Hungerland,
Des Nachts, im atemlosen Traume:
Ein Antlitz, das du einst gekannt.

Wie kommt es nur, daß du am Morgen
Dies alles abtust wie ein Kleid
Und wieder trägst die kleinen Sorgen,
Die kleinen Freuden, tagbereit.

Die Klugen lächeln leicht ironisch:
Ça c'est la vie. Des Lebens Sinn.
Denn ihre Sorge heißt, lakonisch:
Wo gehn wir heute abend hin?

Und nur der Toren Herz wird weise:
Sieh, auch der große Mensch ist klein.
Ihr lauten Lärmer, leise, leise.
Und laßt uns sehr bescheiden sein.

MASCHA KALÉKO

Dein Stock und dein Stab (Ps 23)

Stecken und Stab

Mein Gott, zuerst und zuletzt
sorgst du für mich,
obwohl mein Vertrauen
in die eigene Vorsorge größer ist,
obwohl ich mitschuldig bin,
wenn frisches Wasser rar wird
und grüne Auen verrotten.
Wie lebenspendendes reines Wasser
erquickt dein klärendes Wort die Seele.
Begleite mich, mein Gott,
wenn die Straßen meiner Zeit
durch finstere Täler führen,
wenn sie zu Sackgassen werden und sich
in einer ungewissen Zukunft verlieren.
Deine Gegenwart bleibt stets meine Zukunft,
die mich in der Angst tröstet.
Wenn ich an bereiteten Tischen sitze
im Angesicht der Hungernden,
wenn ich esse, was der Markt bietet,
wenn ich mein Haupt hoch tragen kann
und mir voll eingeschenkt wird,
brauche ich, mein Hirte,
deinen hilfreich tröstenden Stecken
und deinen Stab, um Gutes zu tun,
um nicht übermütig zu werden,
um barmherzig zu bleiben.

KURT WOLFF

Du deckst mir den Tisch (Ps 23)

Gott sei dein Hirte

Gott sei dein Hirte,
der dir geben möge,
was du zum Leben brauchst:
Wärme, Geborgenheit und Liebe,
Freiheit und Licht –
und das Vertrauen
zu Ihm,
zu deinen Mitmenschen
und zu dir selbst.

Auch in dunklen Zeiten
und schmerzhaften Erfahrungen
möge Gott dir beistehen
und dir immer wieder Mut
und neue Hoffnung schenken.
In Situationen der Angst
möge er in dir die Kräfte wecken,
die dir helfen, all dem,
was du als bedrohlich erlebst,
standhalten zu können.

Gott möge dich
zu einem erfüllten Leben führen,
dass du sein und werden kannst,
wie du bist.

CHRISTA SPILLING-NÖKER

Harlekin mit Geige

Psalm

Ich bin vergnügt
erlöst
befreit
Gott nahm in seine Hände
Meine Zeit
Mein Fühlen Denken
Hören Sagen
Mein Triumphieren
Und Verzagen
Das Elend
Und die Zärtlichkeit

Was macht daß ich so fröhlich bin
In meinem kleinen Reich
Ich sing und tanze her und hin
Vom Kindbett bis zur Leich

Was macht daß ich so furchtlos bin
An vielen dunklen Tagen
Es kommt ein Geist in meinen Sinn
Will mich durchs Leben tragen

Was macht daß ich so unbeschwert
Und mich kein Trübsinn hält
Weil mich mein Gott das Lachen lehrt
Wohlüber alle Welt

HANNS DIETER HÜSCH

Labyrinth

Weiß ich den Weg auch nicht

Weiß ich den Weg auch nicht, Du weißt ihn wohl;
Das macht die Seele still und friedevoll.
Ist's doch umsonst, dass ich mich sorgend müh,
dass ängstlich schlägt das Herz, sei's spät, sei's früh.

Du weißt den Weg ja doch, Du weißt die Zeit,
Dein Plan ist fertig schon und liegt bereit.
Ich preise Dich für Deiner Liebe Macht,
ich rühm die Gnade, die mir Heil gebracht.

Du weißt, woher der Wind so stürmisch weht,
und Du gebietest ihm, kommst nie zu spät;
drum wart ich still, Dein Wort ist ohne Trug,
Du weißt den Weg für mich – das ist genug.

HEDWIG VON REDERN

Vogelscheuche: Pierrot

Sozusagen grundlos vergnügt

Ich freu mich, daß am Himmel Wolken ziehen
Und daß es regnet, hagelt, friert und schneit.
Ich freu mich auch zur grünen Jahreszeit,
Wenn Heckenrosen und Holunder blühen.
– Daß Amseln flöten und daß Immen summen,
Daß Mücken stechen und daß Brummer brummen.
Daß rote Luftballons ins Blaue steigen.
Daß Spatzen schwatzen. Und daß Fische schweigen.

Ich freu mich, daß der Mond am Himmel steht
Und daß die Sonne täglich neu aufgeht.
Daß Herbst dem Sommer folgt und Lenz
dem Winter,
Gefällt mir wohl. Da steckt ein Sinn dahinter,
Wenn auch die Neunmalklugen ihn nicht sehn.
Man kann nicht alles mit dem Kopf verstehn!
Ich freue mich. Das ist des Lebens Sinn.
Ich freue mich vor allem, daß ich bin.

In mir ist alles aufgeräumt und heiter:
Die Diele blitzt. Das Feuer ist geschürt.
An solchem Tag erklettert man die Leiter,
Die von der Erde in den Himmel führt.
Da kann der Mensch, wie es ihm vorgeschrieben,
– Weil er sich selber liebt – den Nächsten lieben.
Ich freue mich, daß ich mich an das Schöne
Und an das Wunder niemals ganz gewöhne.
Daß alles so erstaunlich bleibt, und neu!
Ich freue mich, daß ich … Daß ich mich freu.

MASCHA KALÉKO

Vogelscheuche: Columbine

Leicht und schwer

Wer hieß dich mit Worten tanzen?
Wer erlaubt' dir die Vokabel,
Die vom Großen spricht, als wär es
Fast ein Vorschlag nur, ein Anklang,
Gleich dem Spiel auf Kreidestrichen,
Das die kleinen Mädchen üben,
In der Frühlingssonne hüpfend,
Himmel, Hölle – und nicht mehr?

»Weil ich schwer bin,
Weil es schwer ist,
Fürchte ich den Zorn der Schwere,
Ihrer Rache Schwergewicht.
Und ich höre dem, der Rat gibt,
Gleichnisrede liebend Rat gibt,
Höre seiner Rede zu:
Großes Wort ist fremder Schneepfad –
Diesen Schritt noch, und beim nächsten
Sinkst du ein, und kein Zurück mehr –
Denk's – und: wenn du liebst, sei leicht!
Sing, spricht der, den ich nicht schelte,
Spiel', verbirg, verkleid', verklein're
Und vertrau': noch durch den Vorhang
– wärs der Abendposse Vorhang –
Wird das Große, das Geheimnis,
Wird die Wahrheit offenbar.«

ALBRECHT GOES

Kunstvoll gewirkt in Erdentiefen (Ps 139)

Psalm 139

Herr, ja du kennst mich genau.
Du liebst mich und blickst zu mir hin,
wo ich auch bin.

Was ich auch denke, erkennst du,
wohin ich auch geh, was ich tu,
alles weißt du.

Steig ich zum höchsten der Himmel,
tief in der Erde, auch da
bist du mir nah.

Flög ich dem Morgenrot nach
über Meere nach Ost oder West,
du hältst mich fest.

Manchmal da geh ich ins Dunkel,
verstecke im Finsteren mich,
doch du siehst mich.

Du hast mein Innres gebildet,
immer hast du mich gesehn
und kannst verstehn.

Du bist mein Atem, mein Leben,
nichts ist verborgen vor dir,
du bist bei mir.

LOTHAR ZENETTI

Sonnenblumen im Herbst

Spät im Jahr

Habt Vorrat ihr genug, ihr meine Augen,
Für einen Winter, lang und weiß und grau?
Nehmt noch dies Asternrot, dies weiche Lila,
Dies späte Gelb, dies herbstlich klare Blau.

Und nehmt den Silberglanz der großen Flüge
Des Habichts und des Eichelhähers wahr,
Und auch den Birnbaum nehmt,
    ein goldnes Gleichnis
Des Überschwangs vom segensreichen Jahr.

Und endlich nehmt das Lächeln und die reine
Strahlung des schönen Menschenangesichts,
Und alle Nacht wird herrlich euch erhellt sein
Vom farbgen Widerschein geliebten Lichts.

ALBRECHT GOES

Abraham. Die Nacht von Hebron (Gen 15)

An die Sterne

Ihr Lichter, die ich nicht auf Erden satt kann schauen,
Ihr Fackeln, die ihr Nacht und schwarze Wolken trennt,
Als Diamante spielt und ohn' Aufhören brennt;
Ihr Blumen, die ihr schmückt des großen Himmels Auen:

Ihr Wächter, die, als Gott die Welt auf wollte bauen;
Sein Wort, die Weisheit selbst, mit rechten Namen nennt,
Die Gott allein recht misst, die Gott allein recht kennt,
(Wir blinden Sterblichen! Was wollen wir uns trauen!)

Ihr Bürgen meiner Lust, wie manche schöne Nacht
Hab ich, indem ich euch betrachtete, gewacht?
Herolden dieser Zeit, wann wird es doch geschehen,

Dass ich, der euer nicht allhier vergessen kann,
Euch, derer Liebe mir steckt Herz und Geister an,
Von andern Sorgen frei werd unter mir besehen?

ANDREAS GRYPHIUS

Harlekin

Die sogenannten »letzten Dinge«

So wie ich das Leben sehe,
Ist mir eigentlich nicht klar,
Wie man, wenn man in der Nähe
Jener »letzten Dinge« war,

Nah dem Werden und Vergehen,
Tief im Zwiegespräch mit Gott,
– Wie man, als wär' nichts geschehen,
Heimkehrt in den alten Trott

Aus dem Reiche der Aeonen,
Seinen Tag nach Stunden mißt,
Nachts ein Streiter mit Dämonen,
Morgens brav sein Frühstück ißt …

So wie ich die Dinge sehe,
Will es mir nicht in den Sinn,
Daß man aus dem Ach und Wehe
Des Woher und des Wohin

Heimkehrt wie von kurzer Reise
(Die kein Baedeker beschreibt!)
Und wie je im Freundeskreise
Froh das Leben sich vertreibt;

Sorglos wie ein Kind auf Ferien,
Und als gäb es kein Warum.
– Zu den kosmischen Mysterien
Zähl' ich dies Mysterium.

MASCHA KALÉKO

Jakobs Traum (Gen 28)

Vater unser

Es muss doch noch irgendwo sein
Etwas, das trägt und hält.
Ein Kleinod, ein funkelnder Schrein,
In der verdorrenden Welt.
Eine Kammer voll Orgelwind,
Ein singendes Muschelhaus.
Die wie die Kinder sind,
Gehen dort ein und aus.
Und erkennen das alte Getier,
Das am Brunnen der Welt sich ergeht,
Löwe, Adler und Stier,
Und den Himmel, der offen steht,
Und die Grotte, den irdischen Schoß,
Und darüber den wandernden Stern
Und die Lilie, den reinen Trost,
Und das Lamm auf der Schulter des Herrn.
Und erheben in schrecklicher Lust,
Wenn die Schellen ergellen so bang,
Und küssen den Bruderkuss
Und singen den Lobgesang.

Doch für dich sind die Tore zu eng,
Du bist zu ungeschlacht.
Du kannst nur vielleicht, wenn die Nacht
Über dich verhängt,
Beten schüchtern und rau,
Unser Vater im Himmel, und weißt
Dann plötzlich ganz genau,
Was Vater und Himmel heißt.

Und kommst du auch nicht sehr viel weiter,
Es weicht dir zu Häupten der Stein,
Aufsteigt die Himmelsleiter,
Die Allmacht schließt dich ein.

MARIE LUISE KASCHNITZ

Ich habe dich eingezeichnet in meine Hand (Jes 49)

Gebet für viele

Behüte, Herr, die ich dir anbefehle,
die mir verbunden sind und mir verwandt.
Erhalte sie gesund an Leib und Seele
und führe sie an deiner guten Hand,

sie alle, die mir ihr Vertrauen schenken
und die mir so viel Gutes schon getan.
In Liebe will ich dankbar an sie denken,
o Herr, nimm dich in Güte ihrer an.

Um manchen Menschen mache ich mir Sorgen
und möcht ihm helfen, doch ich kann es nicht.
Ich wünschte nur, er wär bei dir geborgen
und fände aus dem Dunkel in dein Licht.

Du ließest mir so viele schon begegnen,
so lang ich lebe, seit ich denken kann.
Ich bitte dich, du wollest alle segnen,
sei mir und ihnen immer zugetan.

LOTHAR ZENETTI

Vogelscheuche: Schalom

Lob der Spatzen

Grau mit viel Braun und wenig weißen Federn,
Das Männchen auf der Brust mit schwarzem Fleck,
Sie leben unter Palmen, Fichten, Zedern,
Und auch in jedem Straßendreck.

In Ingolstadt und in der City Boston,
Am Hoek van Holland und am Goldnen Horn
Ist überall der Spatz auf seinem Posten
Und fürchtet nicht des Schöpfers Zorn.

Inmitten schwarzer Dschungeln von Fabriken
Und todgeladner Drähte Kreuz und Quer
Sieht man die Spatzen flattern, nisten, brüten,
    mausern, picken,
Als ob die Welt ein Schutzpark wär!

Es stört sie nicht der Lärm der Transmissionen
Und keineswegs das Tempo unsrer Zeit –
Sie leben (schnell und langsam) seit Äonen
Wo sie der Himmel hingeschneit.

Als Jesus über Gräser, Zweige, Blumen
Einritt, und alle Hosianna schrien,
Da pickt' ein Spatz gemächlich gelbe Krumen
Aus dem noch warmen Mist der weißen Eselin.

Herr, gib uns Kraft und Mut wie Deinen Spatzen,
Mach unser Leben ihrem Rinnstein gleich.
Dann mag wer will von edleren Tauben schwatzen,
Denn unser ist Dein gutes Erdenreich.

CARL ZUCKMAYER

Wie Jesus

Wenn Jesus heute lebte

Vielleicht triebe er aus einem vom Geld
Besessenen den Teufel aus,
organisierte Hilfe für Leprakranke
oder stoppte die Fließbänder
einer Panzerfabrik ...

Vielleicht brächte er die Hörigen dazu,
hellhörig zu sein,
teilte Hoffnung aus an alle Passanten
oder begänne von Freiheit zu singen
in den großen Verwaltungen ...

Vielleicht liefe er von Pontius zu Pilatus
für einen Drogensüchtigen,
hungerte unter den Hoffnungslosen von
Kalkutta

oder ließe sich auslachen für seine
Reden von einer anderen Welt ...

Vielleicht fütterte er auch nur die
Vögel im Winter,
hörte der ewigen Stimme zu
und öffnete leise dir und mir die Augen ...

LOTHAR ZENETTI

Wie ein Schatten geht der Mensch dahin (Ps 39)

Die Seele nur

Ob unsre Toten, die wir eh und gestern
Dem Unausdenklichen anheimgegeben,
Ob irgend Kunde sie von uns empfangen,
Ob Antwort niederdringt zu unsrem Leben?

Zur Gleichnisrede lädt die Schöpfung ein
Im Sterngeleuchte und im Wolkenwiegen,
Ich sehe Mückentanz und Immergrün
Und weiße Falter, die ein Grab umfliegen,

Das Flücht'ge denn, die Wandlung und die Dauer,
Zugleich den Riegel und zugleich die Pforte,
Die Pforte – und wohin? Geschrieben steht:
Im Spiegel sehn wir und *im dunklen Worte.*

Wir wissen nichts – ob sie uns wissen, ob
Als die Befreiten sie den Tag uns segnen?
Die Seele nur – sie möchte ihnen heut schon
In einer andren Herrlichkeit begegnen.

ALBRECHT GOES

Alpha und Omega II

ostern 2

GOTT
wir haben alles durchgedacht
wir sind auf dem karussell unserer
logik wahnsinnig geworden
wir sind auf dem karussell unserer
logik nicht von der stelle gekommen
immer im kreis
immer in uns selbst
immer nur denken
immer gedacht bis an die grenze
des denkbaren
ostern ist denken übers denken
hinaus
ostern ist der aufstand gegen
das bloß gedachte
ostern ist
absprung vom karussell tod

wir hoffen und glauben
das unglaubliche
das undenkbare
unsere unbezähmbare sehnsucht
nach leben über den tod hinaus

die liebe die uns miteinander verbindet
und dieses leben sinnvoll macht
läßt uns sagen das unsagbare
auferstehung
ein unmögliches wort
gott
aber wir sagen es dennoch
auf wiedersehn
allen
die der tod verwandelt hat

WILHELM WILLMS

Das irdische und das himmlische Jerusalem

Credo

Ich glaube an gott
der die welt nicht fertig geschaffen hat
wie ein ding das immer so bleiben muß
der nicht nach ewigen gesetzen regiert
die unabänderlich gelten
nicht nach natürlichen ordnungen
von armen und reichen
sachverständigen und uninformierten
herrschenden und ausgelieferten
ich glaube an gott
der den widerspruch des lebendigen will
und die veränderung aller zustände
durch unsere arbeit
durch unsere politik

Ich glaube an jesus christus
der recht hatte als er
»ein einzelner der nichts machen kann«
genau wie wir
in der veränderung aller zustände arbeitete
und darüber zugrunde ging
an ihm messend erkenne ich
wie unsere intelligenz verkrüppelt
unsere fantasie erstickt
unsere anstrengung vertan ist
weil wir nicht leben wie er lebte
jeden tag habe ich angst
daß er umsonst gestorben ist
weil er in unseren kirchen verscharrt ist

weil wir seine revolution verraten haben
in gehorsam und angst
vor den behörden
ich glaube an jesus christus
der aufersteht in unser leben
daß wir frei werden
von vorurteilen und anmaßung
von angst und haß
und seine revolution weitertreiben
auf sein reich hin

Ich glaube an den geist
der mit jesus in die welt gekommen ist
an die gemeinschaft aller völker
und unsere verantwortung für das
was aus unserer erde wird
ein tal voll jammer hunger und gewalt
oder die stadt gottes
ich glaube an den gerechten frieden
der herstellbar ist
an die möglichkeit eines sinnvollen lebens
für alle menschen
an die zukunft dieser welt gottes
amen

DOROTHEE SÖLLE

Sternenweg

Alles beginnt mit der Sehnsucht

Der blaue Himmel,
das endlose Band der Straße –
der Mensch sieht ein Sinnbild des Lebens darin.

Immer ist im Herzen Raum
für mehr, für Schöneres und Größeres.
Immerfort sich hinstrecken
auf ein Kommendes –
das ist des Menschen Größe und Not.

Sehnsucht nach Verstehen,
nach Freundschaft, nach Liebe.
Und wo Sehnsucht sich erfüllt,
dort bricht sie noch stärker auf:
daß es so bleibe,
daß es nicht vorübergehe.

Fing nicht auch deine Menschwerdung, Gott,
mit dieser Sehnsucht nach dem Menschen an?
So laß nun unsere Sehnsucht damit anfangen,
dich zu suchen,
und laß sie damit enden, dich gefunden zu haben.

NELLY SACHS

Maria durch ein' Dornwald ging

advent

der kahle
strauch
die spur
im schnee
das wunderblatt
im grünen klee
sie deuten an
sie deuten an
daß doch noch
etwas kommen kann

die stille
nacht
das liebes-
paar
das mädchen
mit dem stroh
im haar
sie deuten an
sie deuten an
daß doch noch
etwas kommen kann

der mann
der träumt
die schwangere frau
die dürre zeit
der morgentau
sie deuten an
sie deuten an
daß doch noch
etwas kommen kann

das licht
im haus
die offne
tür
der tisch
gedeckt
ein platz
ist leer
das deutet an
das deutet an
daß doch noch
einer
kommen kann

WILHELM WILLMS

Ein Reis wird hervorgehen aus dem Stumpf Isais (Jes 11)

Wann fängt Weihnachten an?

Wenn mitten im Winter
eine Rose aufblüht
der Schmetterling leuchtend bunt
durch den Garten zieht
die Nachtigall
ein Lied der Hoffnung singt
und zwischen Menschen
Freude und Glück erklingt
dann fängt Weihnachten an.

Wenn mitten im Streit
Versöhnung beginnt
es selbst zwischen Feinden
wieder richtig stimmt
der Reiche
mit dem Hungrigen teilt
und der Lahme
zum Regenbogen eilt
dann fängt Weihnachten an.

Wenn mitten im Leid
die Not gewendet
das Dunkel des Todes
durch Licht beendet
ein Kind
wichtiger als alles ist
und du
ganz du selber bist
dann fängt Weihnachten an.

HERMANN-JOSEF FRISCH

Geburt Jesu (Lk 2)

Weihnachtspsalm

Preisen will ich das Universum
die große Leere, die erfüllt ist von Sehnsucht
sie lehrt mich nicht aufzuhören
nach dir zu begehren.

Preisen will ich die Engel
die durch meinen Hinterhof fliegen
und schreien
der Friede wird kommen
heute noch
auch zwischen uns.

Die kleinen Hunde will ich preisen
die Vögel und den Fuchs in meinem Garten
Tag und Nacht verkünden sie
deine Vieleinigkeit im Himmel und auf Erden.

Die Worte der Liebe will ich preisen
die überall geflüstert werden,
sogar mitten im Streit
alles, was ich tun muss, ist, sie zu hören.

Preisen will ich die Mutter und ihr Kind
und die ungeheure Tatsache
dass das Leben neu wird
unaufhörlich, geduldig
gerade jetzt!

REINHILD TRAITLER

Neujahrslied

Mit der Freude zieht der Schmerz
Traulich durch die Zeiten.
Schwere Stürme, milde Weste,
Bange Sorgen, frohe Feste
Wandeln sich zur Seiten.

Und wo eine Träne fällt,
Blüht auch eine Rose.
Schön gemischt, noch eh wir's bitten,
Ist für Thronen und für Hütten
Schmerz und Lust im Lose.

War's nicht so im alten Jahr?
Wird's im neuen enden?
Sonnen wallen auf und nieder,
Wolken gehen und kommen wieder,
Und kein Wunsch wird's wenden.

Gebe denn, der über uns
Wägt mit rechter Waage,
Jedem Sinn für seine Freuden,
Jedem Mut für seine Leiden,
In die neuen Tage,

Jedem auf des Lebens Pfad
Einen Freund zur Seite,
Ein zufriedenes Gemüte,
Und zu stiller Herzensgüte
Hoffnung ins Geleite.

JOHANN PETER HEBEL

Sieger Köder

Sieger Köder ist am 3. Januar 1925 in Wasseralfingen geboren.

1931–1935	Volksschule in Wasseralfingen
1935–1943	Gymnasium Ellwangen/Jagst
1943–1945	Arbeitsdienst, Wehrmacht, Gefangenschaft
1946–1947	Staatlich Höhere Fachschule für Edelmetalle Schwäbisch Gmünd: Ziselieren und Silberschmieden
1947–1951	Kunstakademie Stuttgart: Zeichnen, Werkklasse Malen, Kunstgeschichte
1951–1952	Universität Tübingen: Anglistik Referendarjahr in Stuttgart
1954–1965	Kunsterzieher am Schubart-Gymnasium Aalen
1965–1970	Universität Tübingen und München: Katholische Theologie Priesterseminar Rottenburg Priesterweihe
1971–1975	Vikar in St. Maria Suso, Ulm a. D.
1975–1995	Pfarrer in Hohenberg und Rosenberg

Er lebt seit 1995 im Ruhestand in Ellwangen.

Folgende Bücher geben tiefere Einblicke in das vielseitige Schaffen Sieger Köders:

Gertrud Widmann (Hg.), Die Bilder der Bibel von Sieger Köder. Erschließende und Meditative Texte, Schwabenverlag, Ostfildern 2009

Johannes Kreidler/Erwin Teufel (Hg.), Farben des Lebens. Sieger Köder, Schwabenverlag, Ostfildern 2005

Eckhard Scheiderer/Hermann Sorg, Auf den Spuren der Kunst von Sieger Köder im Ostalbkreis, Schwabenverlag, Ostfildern, 4. Aufl. 2009

Ulrich Peters/Claudia Peters (Hg.), Durchkreuztes Leben. Ein Kreuzweg mit Bildern von Sieger Köder, Schwabenverlag, Ostfildern 2008

Theo Schmidkonz, Kreuzweg-Erfahrungen. Mit Bildern von Sieger Köder, Schwabenverlag, Ostfildern, 6. Aufl. 2011

Textnachweis

Bei einigen Texten konnten wir leider keine Quelle bzw. Rechteinhaber ausfindig machen. Für Hinweise ist der Verlag dankbar.

Rose Ausländer (1901–1988), Versöhnung (Wieder ein Morgen/...), aus: dies., Im Aschenregen die Spur deines Namens. Gedichte und Prosa 1976. © S. Fischer Verlag GmbH, Frankfurt am Main 1984

Wolfgang Dietrich, »Singet Jahwe, denn er zeigt seine Macht«, nach 2. Mose (Exodus) 15,21 © Verlag am Eschbach der Schwabenverlag AG, Eschbach/Markgräflerland

Hilde Domin (1909–2006), Bitte, aus: dies., Gesammelte Gedichte. © S. Fischer Verlag GmbH, Frankfurt am Main 1987

Petra Fietzek, Wach auf meine Seele!, aus: dies., Ins eigene Leben geschrieben. Psalmen für heute, Matthias Grünewald Verlag der Schwabenverlag AG, Ostfildern 2010, 58

Hermann-Josef Frisch, Wann fängt Weihnachten an? © Hermann-Josef Frisch

Albrecht Goes (1908–2000), Leicht und schwer/Spät im Jahr/Die Seele nur, aus: ders., Leicht und schwer. Siebzig Jahre im Gedicht. © S. Fischer Verlag GmbH, Frankfurt am Main 1998

Martin Gutl (1942–1994), Mit meinem Gott © Karl Mittlinger

Hermann Hesse (1877–1962), Magie der Farben/Wer den Weg nach innen fand, aus: ders., Die Gedichte, © Suhrkamp Verlag Frankfurt am Main 1918

Hanns Dieter Hüsch (1925–2005), Kommen und gehen/Ich setze auf die Liebe/Ich bin vergnügt (Psalm), aus: Hanns Dieter Hüsch/Uwe Seidel, Ich stehe unter Gottes Schutz, 2009/11 © tvd-Verlag Düsseldorf, 1996

Hanns Dieter Hüsch, Solange in meinem Herzen (Psalm), aus: Hanns Dieter Hüsch/Michael Blum, Das kleine Buch zum Segen, Seite 38, 2010/11 © tvd-Verlag Düsseldorf, 1998

Arnim Juhre, Liebe die Liebe © Arnim Juhre

Mascha Kaléko (1909–1975), Zeitgemässe Ansprache/Sozusagen grundlos vergnügt/Die sogenannten »letzten Dinge«, aus: dies., In meinen Träumen läutet es Sturm. © 1977 Deutscher Taschenbuch Verlag, München

Marie Luise Kaschnitz (1901–1974), Vater unser, aus: Marie Luise Kaschnitz, Werke, Bd. 5 © Insel Verlag Frankfurt am Main 1985

Kurt Marti, Schöpfung, entnommen aus: Kurt Marti: Gott gerne klein. Gedichte, © 2006 by Radius-Verlag, Olgastr. 114, 70180 Stuttgart

Wilma Michler, Labyrinth und Rosen © Wilma Michler

Christa Peikert-Flaspöhler, Alphabet des Friedens, aus: dies., Stellenangebot. Gedichte, © 1980 Lahn-Verlag GmbH, Kevelaer, 2. Auf. 1982, S. 135f, www.lahn-verlag.de

Paul Roth, Einmal am Tag © Paul Roth
Nelly Sachs (1891–1970), Alles beginnt mit der Sehnsucht, aus: dies., Gedichte, © Suhrkamp Verlag Frankfurt am Main 1977
Uwe Seidel (1939–2007), Das ist das Glück, aus: Hanns Dieter Hüsch/Uwe Seidel, Das kleine Buch zum Glück, Seite 23, 2008/5 © tvd-Verlag Düsseldorf, 2001
Uwe Seidel, Das Fest der fünften Jahreszeit, aus: Hanns Dieter Hüsch/Uwe Seidel, Ich stehe unter Gottes Schutz, Seite 31, 2009/11 © tvd-Verlag Düsseldorf, 1996
Dorothee Sölle (1929–2003), Zeitansage, aus: dies., Loben ohne Lügen, Gedichte. © Wolfgang Fietkau Verlag, Kleinmachnow
Dorothee Sölle, Credo, aus: dies., Meditationen & Gebrauchstexte, Gedichte. © Wolfgang Fietkau Verlag, Kleinmachnow
Christa Spilling-Nöker, Gott sei dein Hirte, nach Psalm 23, aus: dies., Der Himmel ist in dir. Segensworte © Verlag am Eschbach der Schwabenverlag AG, Eschbach/Markgräflerland, 12. Aufl. 2003
Pierre Stutz, Werde ein Clown Gottes, aus: ders., Verweile im Augen-Blick, Reihe: Eschbacher Minis © Verlag am Eschbach der Schwabenverlag AG, Eschbach/Markgräflerland, 2010
Reinhild Traitler, Psalm e/Selig sind, die reinen Herzens sind/Wenn sich das Herz nach mehr sehnt/Weihnachtspsalm, aus: dies., Es muss nicht der siebte Himmel sein, Matthias Grünewald Verlag der Schwabenverlag AG, Ostfildern 2009
Wilhelm Willms (1930–2002), wir schlugen ihn/ostern 2, aus: ders., Der geerdete himmel, © 1974 Butzon & Bercker GmbH, Kevelaer, 7. Aufl. 1986, 9.7/10.20, www.bube.de
Wilhelm Willms, advent, aus: ders., Alle Nächte werden hell © 1991 Butzon & Bercker GmbH, 47623 Kevelaer, S. 74f, www.bube.de
Kurt Wolff (1887–1963), Stecken und Stab, aus: ders., Leben bist du, die Psalmen persönlich genommen, Neukirchen-Vluyn 1996, © Fliedner-Kulturstiftung Kaiserswerth
Eva Zeller, Tedeum, aus: dies., Ein Stein aus Davids Hirtentasche, Gedichte, © Verlag Herder GmbH, Freiburg im Breisgau, 1992, S. 42f.
Lothar Zenetti, Mit ausgebreiteten Armen/Ein Mensch wie Brot/Einer/Ostermorgen/Psalm 139/Gebet für viele/Wenn Jesus heute lebte, aus: ders., Auf Seiner Spur, Matthias Grünewald Verlag der Schwabenverlag AG, Ostfildern 2011
Das Hohelied der Liebe, 1 Kor 13, übertragen von Jörg Zink, aus: ders./Jürgen Hufeisen, Einfach feiern © Verlag am Eschbach der Schwabenverlag AG, Eschbach/Markgräflerland, 2007
Carl Zuckmayer (1896–1977), Lob der Spatzen, aus: ders., Abschied und Wiederkehr. Gedichte 1917–1976 © S. Fischer Verlag GmbH, Frankfurt am Main 1985